La Collation des Enfans obéissans.

ALPHABET

DES
Enfans obeissans

ou

Tableau des défauts dont les Enfans
peuvent se corriger par la Soumission
avec 14 Jolis sujets de Gravure

L'Enfant Parresseux corrigé.

Paris
Librairie d'Education
d'Alexis Eymery, Rue Mazarine, N°30.
(1820)

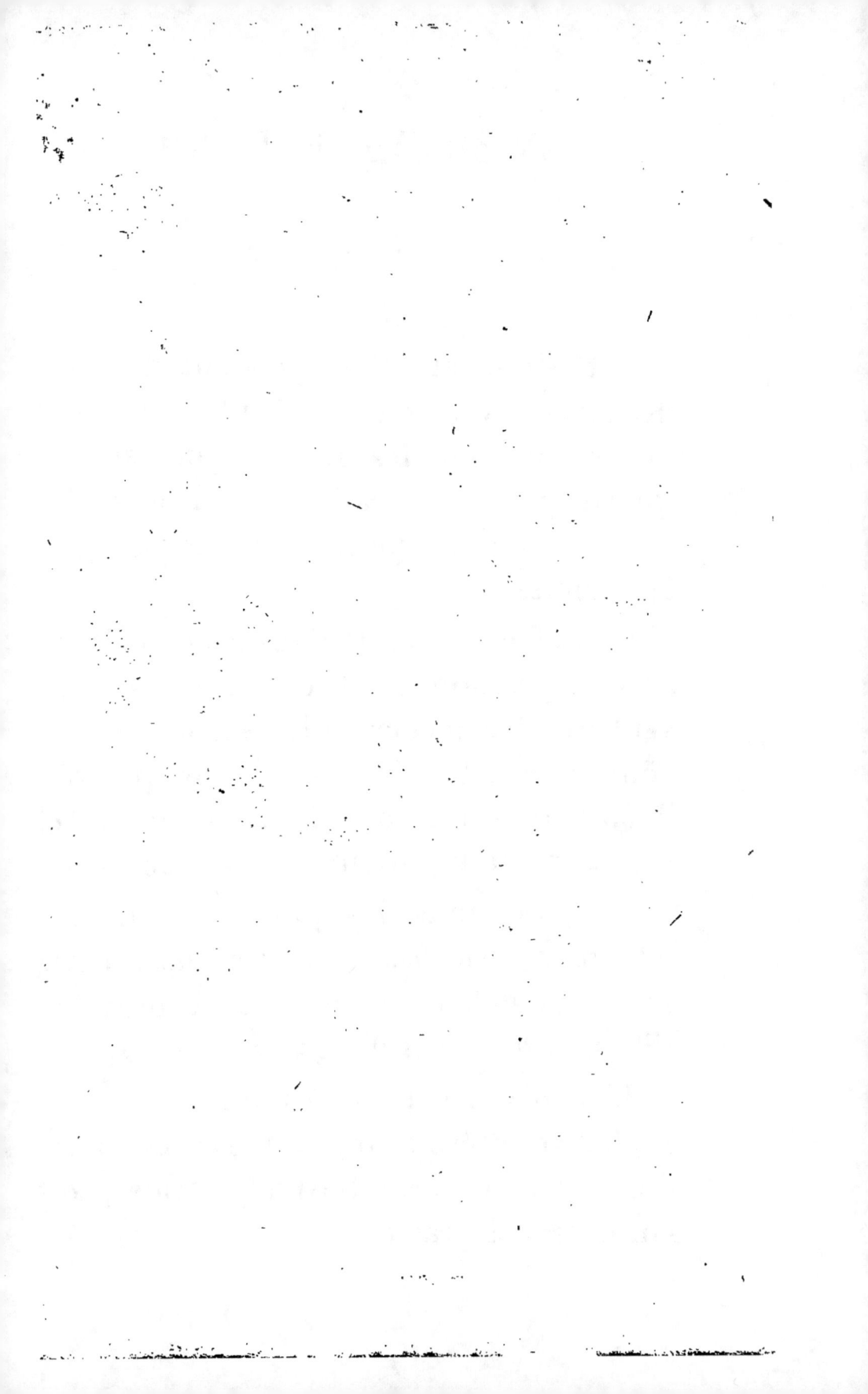

AVERTISSEMENT.

Cet Alphabet est le pendant de celui des Enfans vertueux, puisque l'un traîte des vertus que les Enfans peuvent acquérir par l'application, et l'autre des défauts dont ils peuvent se corriger par la soumission.

Un défaut enraciné dans le cœur d'une grande personne, est un vice, et souvent un vice incorrigible : les fautes que commettent les Enfans ne sont que des défauts qu'il est possible de corriger. Tel est le fruit d'une bonne éducation.

On voit tous les jours des Enfans *paresseux*, *menteurs*, *gourmands*, *etc.* ; mais ces défauts disparaissent bientôt, s'ils sont *obéissans* et *dociles*.

L'on n'a rien négligé pour rendre cet Alphabet intéressant, soit par les anecdotes, soit par les réflexions morales, soit enfin par les gravures.

A	B
C	D
E	F

G	H
I	J
K	L

M	N
O	P
Q	R

S	T
U	V
X	W

Y Z

Caracteres romains.

a	b	c	d
e	f	g	h
ij	k	l	m
n	o	p	q
r	s	t	u
v	x	y	z

Lettres italiques.

a b c d e f g h i j
k l m n o p q r s t
u v x y z.

CARACTÈRES D'ÉCRITURES.

Anglaise.

a b c d e f g h i j

k l m n o p q r s t

u v x y z.

Ronde.

a b c d e f g h i j k

l m n o p q r s t u v

x y z.

Les Lettres doubles.

æ   œ   fi   ffi

ſi   ſſi   fl   ffl

ff   ſb   ſl   ſſ

ct   ſt   w   &.

œ   œ   fi   ffi

fi   ffi   fl   ffl

  ſb   ſl   ſſ

ct   ſt   w   &.

Voyelles.

a   e   i _{ou} y   o   u

Syllabes.

ba   be   bi   bo   bu

ca   ce   ci   co   cu

da   de   di   do   du

fa   fe   fi   fo   fu

ga   ge   gi   go   gu

ha   he   hi   ho   hu

ja   je   ji   jo   ju

ka   ke   ki   ko   ku

e	li	lo	lu
	mi	mo	mu
e	ni	no	nu
	pi	po	pu
e	qui	quo	qu
	ri	ro	ru
	si	so	su
	ti	to	tu
	vi	vo	vu
	xi	xo	xu
	zi	zo	zu

Lettres accentuées.

é (aigu)

à è ì ù (graves)

^ ê î ô û (circonflexes)

¨ ï ü (tréma)

Signes de la Ponctuation.

La Virgule (,)

e Point et Virgule (;)

es deux Points (:)

e Point (.)

e Point d'interrogation (?)

e Point d'exclamation et d'admiration (!)

e c cédille (ç)

es Parenthèses ( )

es Guillemets (« »)

e Trait d'union (–)

'Apostrophe (')

Mots faciles à épeler.

En-fant, dé-faut, maî-tre, le-çon, bras, ha-bit, len-teur, le-ver, pri-er, pied, doigt, heu-re, mar-cher, pleu-rer, cri-er, mon-trer, voi-sin, che-veux, cras-seux, pei-gner, li-vre, clas-se, ca-hier, ri-der, front, de-voirs, lan-cer, pas-ser, jour, con-gé, voir, al-ler, pri-ver, man-ger, sou-vent, pain, sec, par-ler, ton, leur, en-clins, pâ-te, gâ-teaux, ac-cès, gour-mand, pu-ni, goût, flat-ter.

Phrases simples.

La paresse est un défaut. Il faut prier Dieu. Jérôme devint sage. Il aime le travail. L'estomac fut bien-tôt rempli. L'enfant devint sobre. Il pleure, il crie, il trépigne des pieds. L'attention est nécessaire. La légèreté est nuisible. Il faut écouter son maî-tre. L'obéissance est un devoir. L'heu-re de l'école sonne. Un jeune écolier doit être actif.

ALPHABET

DES

ENFANS OBÉISSANS.

L'Enfant paresseux corrigé.

La paresse est un grand défaut pour un enfant ; elle le rend incapable de tout, si, négligeant les bons avis de ses parens et de ses maîtres, il n'a pas besoin de se corriger. D'ailleurs, y a-t-il rien de plus désagréable à voir, qu'un enfant paresseux ? il fait continuellement souffrir tous ceux qui vivent avec lui.

Quand on lui dit de se lever, il dit : Je me lève, et il n'en fait rien, ou s'il descend du lit, c'est nonchalamment : il joue avec chacun de ses vêtemens. Si on le presse de s'habiller, il murmure entre ses dents : il ne pense pas à prier Dieu, ou s'il le prie, c'est sans attention, en tournant la tête de côté et d'autre ; quand l'heure de l'école sonne, il se cache ; on a beau l'appeler, il ne répond pas ; mais on le trouve, on le force de marcher ; alors la crainte du travail l'attriste, le fait pleurer. On le montre au doigt ; mais il est insensible à la honte.

Il a toujours le visage crasseux, les mains sales, les cheveux en désordre, parce qu'il ne veut ni se laver, ni se peigner ; est-il en classe, il joue au lieu d'étudier. Ses livres, ses cahiers sont déchirés ou écornés. Son maître lui dit-il de regarder son livre, il ricanne tout bas, ou répond quelque grossièreté. On le punit ; il préfère une pénitence au travail. S'il récite ses leçons, c'est en tirant les mots de sa mémoire, syllabe par syllabe. Il fait des niches à ses camarades, pour les distraire de leurs devoirs ; tantôt il leur lance des boules de papier, tantôt il cache leurs livres. On le fait mettre à genoux à la porte de la classe, avec un bonnet d'âne sur la tête. Ses camarades ne veulent pas jouer avec lui pendant la récréation ; lorsqu'on va à la promenade, il est forcé de marcher seul.

C'est ainsi que se conduisait le petit Moncalde. Il avait d'heureuses dispositions, mais la paresse les étouffa ; aussi passa-t-il des momens bien désagréables. On lui refusait tout ce qui pouvait lui faire plaisir. Ses parens ne l'envoyaient point chercher pour passer chez eux les jours de congé. On le privait d'une infinité de dou-

Enfant gourmand devenu sobre

Enfant imprudent devenu sage

Enfant léger devenu attentif

cœurs ; il mangeait souvent son pain sec.

Enfin le jeune Moncalde sentit le besoin de se corriger, et les avantages de la docilité. Il changea de conduite ; ses maîtres lui pardonnèrent, ses parens lui rendirent leur amitié, et il fut chéri de ses camarades.

Le petit gourmand devenu sobre.

La gourmandise est bien funeste aux enfans, par les fumées qui leur montent au cerveau. Leur tête s'appesantit, et ils ne peuvent plus étudier ; la sobriété, au contraire, qui consiste à ne manger que selon ses besoins, leur laisse l'estomac et la tête libres, de sorte qu'ils conservent toujours leur amabilité.

Le petit Saint-Laurent fut un jour puni bien sévèrement de sa gourmandise. On célébrait à sa pension la fête de Saint-Nicolas. On sait que les écoliers font entr'eux une collation. Pâtés, tourtes, gâteaux, pâtisseries, rien de ce qui peut flatter le goût des enfans, n'est épargné. Les parens du petit Saint-Laurent l'avaient bien averti de ne pas trop manger, mais quand il vit une table bien garnie de toutes sortes de friandises, il ne put résister à la tentation, et mangea tant, que l'on fut obligé de déboutonner son habit. Le soir, Saint-Laurent ressentit des accès de fièvre, et le lendemain, il se trouva incommodé d'une manière si grave, qu'on fut obligé d'appeler le médecin. Saint-Laurent fut mis à la diète la plus austère, et fut réduit à la tisane pendant plusieurs jours. Ensuite on lui ordonna une médecine bien amère.

Madame de Saint-Laurent arrive avec la coupe fatale à la main, le petit Saint-Laurent pâlit, se met à pleurer, s'enfonce dans son lit, et soutient qu'il n'a pas besoin de médecine, et qu'il se porte bien. Point de raison, monsieur, lui dit sa mère, n'ajoutez pas un second tort au premier; vous vous êtes livré à la gourmandise; il faut vous corriger de ce vice, qui détruirait bientôt votre santé. Saint-Laurent, moitié par force, moitié bon gré, but précipitamment l'a-mer breuvage, et par sa résignation, obtint un petit morceau de sucre de sa maman, qui eut la faiblesse de le lui donner.

Dès le lendemain, il fut en état de reprendre ses exercices ordinaires. Cette leçon lui fit une telle impression, qu'il fut, depuis, aussi sobre qu'il avait été gourmand.

Le petit Jacques en reçut une bien plus dure, qui produisit chez lui un grand repentir, et le rendit sobre toute sa vie. Il était domestique, et si difficile pour sa nourriture, qu'il fallait que la cuisinière lui choisît les morceaux, sans quoi il se plaignait insolemment de ses maîtres; souvent même il employait son argent à acheter des friandises; un pareil sujet ne pouvait rester long-temps dans une maison, il était bientôt congédié. Dans un moment difficile, Jacques, sans place et sans argent, est forcé d'aller mendier de porte en porte; et s'étant un jour présenté à celle d'un de ses anciens maîtres, dont il avait tant dédaigné la nourriture, il eut beaucoup de peine à obtenir un petit morceau de pain noir et moisi. Ah ! s'écria-t-il, j'ai bien mérité ce qui m'arrive : si j'avais à présent la nourriture que je méprisais, je me trouverais bien heureux.

L'enfant imprudent devenu sage.

La prudence est le fruit de la réflexion; c'est par elle que l'on parvient à connaître et à éviter les dangers dont on est sans cesse environné.

L'imprudence, au contraire, expose continuellement les enfans à mille maux qui attaquent leurs facultés et abrègent leur existence.

Un jour, deux camarades d'école se disputaient ensemble sur l'espèce de jeu qu'ils choisiraient pour bien s'amuser : chacun proposait le sien : ils ne pouvaient s'accorder. Enfin, Jérôme, le plus âgé, mais le moins sage, dit à un petit camarade : eh ! Julien, nous n'y pensons pas ; viens, viens, nous glisserons sur l'étang, qui est déjà tout gelé. — Sur l'étang ! dit Julien : moi je n'en suis pas. — Pourquoi ? — Il n'y a pas long-temps qu'il gèle. — N'importe : il est tout glacé ; viens. — Je n'ai encore vu aucune grande personne sur la glace. — Qu'est-ce que cela fait. — Nous pourrions tomber dans l'étang, et il y a bien de l'eau.— Oh ! il a peur ! — Vas-y, toi, si tu veux ; moi je n'y veux pas aller. — Jérôme s'élance, en se moquant de Julien ; mais à peine est-il arrivé au milieu de l'étang, que la glace éclate, se brise, et voilà mon petit étourdi dans l'eau jusque par-dessus la tête : on eut bien de la peine à le sauver.

Jérôme devint sage, mais il faillit périr ; tandis que son petit camarade évita le danger par sa prudence.

Jules, enfant de six ans, dîna seul, un jour que ses parens étaient absens. Pendant que le domestique était descendu à la cuisine, Jules voulant regarder par la fenêtre, grimpa sur une chaise et eut l'imprudence de garder sa fourchette à la main; la chaise ayant glissé, il tomba, se blessa à la joue avec la fourchette, et souffrit de grandes douleurs.

La mère de Jules, fort effrayée, en arrivant, de voir son enfant blessé, s'en prend au domestique et lui fait de vifs reproches. Maman, lui dit le petit Jules, ne le gronde point, ce n'est pas sa faute. Je vois bien, maintenant, pourquoi tu me défends de tenir une fourchette ou un couteau à la main, quand je joue. Une autre fois je serai plus obéissant.

La légèreté remplacée par l'attention.

La légèreté, mère de la dissipation, retarde les progrès et empêche les enfans de réfléchir, ce qui influe quelquefois sur leur caractère pour le reste de la vie, et leur est très-nuisible dans la société. C'est ce que pensait le sage instituteur du jeune Dorimond.

Vos parens, lui dit-il un jour, en m'appelant auprès d'eux, pour me charger de votre éducation, exigent que mon affection pour vous ne m'aveugle point sur vos défauts. En remplaçant ceux qui vous aiment, je dois donc, comme eux, vous parler avec franchise.

Je ne vois heureusement en vous aucun vice

de cœur. Vous avez de l'intelligence, de la facilité à apprendre, de la mémoire; mais vous
travaillez le plus souvent sans attention, avec
insouciance même. Vous vous livrez à la paresse. Vous êtes vif, sémillant, joyeux, quand
il s'agit de jouer; le plus froid ennui vous saisit
quand il faut étudier.

Ce n'est pas ainsi, mon cher Dorimond, que
vous parviendrez à vous instruire. Sans doute
il faut jouer. L'exercice, en délassant l'esprit,
fortifie le corps, mais il faut aimer le travail; il
faut vous défaire de cette légèreté qui, dans un
âge plus avancé, deviendrait incorrigible. Ce
défaut, dans un homme fait, le rend incapable
d'application aux affaires, et le fait voir avec
une sorte de dédain par les gens sensés.

Voilà pour l'avenir. Revenons au présent, et
voyons ce que vous avez à faire pour bien em-
ployer votre temps.

Au lieu de cette légèreté, dont je me plains,
il faut apporter une attention soutenue à l'étude
de l'histoire ancienne et moderne, et de la
géographie. Il faut vous attacher avec le plus
grand soin à la chronologie, qui est la science
de l'ordre des temps et des époques de l'histoire. L'étude de cette science accoutume à
classer ces époques, avec ordre, dans la mé-

moire, et rend la connaissance de l'histoire plus agréable et plus utile. On voit souvent (je vous le ferai remarquer) des personnes qui se font moquer d'elles, par leur légèreté, en faisant, à tort et à travers, des citations fausses et ridicules. C'est ce dont il faut bien vous garder. Il vaut mieux se taire, que de hasarder ce dont on n'est pas parfaitement certain.

Employez donc, mon cher Dorimond, la facilité que vous avez à apprendre, pour faire entrer, avec ordre, dans votre mémoire, ce qui vous donnera les moyens de plaire dans la société, et de vous y faire considérer et estimer. Il ne dépend que de vous de vous procurer ces avantages. De l'application, la ferme volonté de bien faire, le désir que vous devez avoir de répondre ainsi à la tendresse de vos parens, et je vous promets, mon bon ami, que vous serez bientôt guéri de la légèreté, de la paresse, de l'insouciance, qui maintenant retardent vos progrès, et qui, dans la suite, vous occasionneraient bien des désagrémens et des peines, si vous négligiez de vous en corriger.

Songez que de la légèreté vient le manque d'attention, et qu'un jeune homme sans attention est très-désagréable dans la société. Il manque à tous les devoirs. Il regarde à peine

aujourd'hui les gens avec qui il était très-lié
hier. On lui adresse la parole; il ne paraît pas
s'en apercevoir; il ne prend aucune part à la
conversation générale, et quelquefois l'inter-
rompt pour parler d'objets futiles. Au lieu de
profiter des lumières des autres, il semble les
dédaigner, ou plutôt il ne les soupçonne pas.
Quand il est avec des personnes de différens
états, il ne pense jamais à entretenir chacune
d'elles de ce qu'elle sait le mieux, ou de ce
qui l'intéresse le plus. Cette attention ne manque jamais de plaire et de faire aimer celui qui
en est capable.

En vous disant ce que ne fait pas le jeune
homme très-léger, qui ne réfléchit point, je
vous ai tracé le plan qui doit régler votre conduite, pour réussir dans le monde. C'est en
vous pénétrant, mon cher Dorimond, des bons
principes, et en les mettant constamment en
pratique, que dans un âge plus avancé vous
inspirerez la confiance, et que vous obtiendrez
infailliblement l'estime et l'amitié des honnêtes
gens.

Dorimond, frappé des bons avis de son instituteur, prit tellement de goût pour l'étude,
qu'il finit par regarder comme une punition,
les jeux qu'il préférait à tout auparavant. Ses

isse
ien
ta-
t la
ces
ne
soit
du
les
fe-
oi-
nd
et
es-
ils
ux
ir;
de
er
re
u-
x-

la
it

Petit voleur puni et changé

Petit menteur devenu sincere.

Enfant insensible devenu charitable.

parens, charmés de ses progrès, allaient au-
devant de tout ce qui pouvait lui faire plaisir.
Lorsqu'il parut dans la société, on le trouva
aussi instruit que modeste, respectueux avec
les personnes âgées, sans prétention avec celles
de son âge, et rempli d'égards et d'attention
pour tous. Dorimond, pénétré de reconnaissance envers son instituteur, supplia son père
de le fixer, pour toujours, dans sa maison, afin
de ne jamais quitter celui qui l'avait corrigé de
ses défauts.

Le petit voleur puni et changé.

Il y a des enfans qui ne croient pas com-
mettre une faute, en prenant des choses de peu
de valeur. Cependant, ce n'est pas l'impor-
tance de la chose prise qui constitue le tort du
voleur; c'est l'action de s'emparer de ce qui ne
nous appartient pas. Ainsi des joujoux pris à
des petits camarades, des fruits dérobés, du
papier, des plumes, et beaucoup d'objets, sont
de petits vols, sans doute; mais ce sont bien
réellement des vols. Un enfant pleure quand on
lui a pris ce qui était à lui. La peine qu'il
éprouve alors, doit lui faire sentir qu'il ne faut
pas faire aux autres ce qu'il ne voudrait pas
qu'on lui fît.

Cette correction fit un tel effet sur l'esprit de Victor, que lorsqu'il était tenté de dérober quelque chose, il croyait toujours voir le bourreau prêt à mettre la main sur lui, et bientôt il fut tout-à-fait changé.

Les petits vols faits dans l'enfance, et qui semblent peu importans par eux-mêmes, ont des conséquences plus dangereuses que l'on ne le croit; ils altèrent peu à peu la délicatesse de sentimens que l'on doit mettre dans toutes ses relations avec les autres. Si les enfans qui se les permettent ne contractent pas le vice affreux du vol, ils prennent une habitude de mauvaise foi et de tricherie qui les porte, dans la suite, à des actions très répréhensibles.

Il y a des enfans qui disent en eux-mêmes, lorsqu'ils sont sur le point de dérober quelque chose : Je ne serai pas puni, parce que personne ne me verra; mais ils ne savent pas que ce qui échappe aux yeux des hommes, n'échappe pas aux yeux de Dieu. Ils sont d'abord avertis de leurs fautes, par leurs remords, ou tôt ou tard par quelque punition qu'ils ne pouvaient éviter. Ceux, au contraire, qui ont une bonne conduite, en trouvent la récompense dans le témoignage de leur conscience, et dans la satisfaction qu'ils donnent à leurs parens et à leurs maîtres.

Les petits Menteurs devenus sincères.

Toute parole, tout geste, toute action qui peut induire les autres en erreur, est un mensonge. Ce vice est un des plus odieux, et le plus vil. C'est se mépriser soi-même, que de s'exposer au mépris des autres, qui peuvent à chaque instant nous prendre en défaut et nous retirer leur confiance. Le menteur une fois reconnu, n'est cru de personne, alors même qu'il dit la vérité.

Le petit Ariste, plein de malice, se plaisait à donner des alarmes et des craintes à ses camarades. Il feignait quelquefois de s'être blessé; il poussait des cris effrayans; on accourait auprès de lui, et il se moquait de ceux qui étaient venus à son secours. Un jour, il descendit l'escalier avec une grande rapidité, et chercha, en faisant beaucoup de bruit, à imiter le fracas d'une chute. Un autre jour, il se barbouilla le visage avec du jus de cerises, et en frappant sur la table, il cria qu'il s'était fait un trou à la tête. Ayant ainsi trompé, et ses amis et les gens de la maison, on ne faisait plus attention à ses cris. Il arriva qu'étant monté sur une échelle, qui était au bout du jardin, un échelon se rompit ; il tomba, et se cassa une jambe. Il cria de toutes ses forces ; mais on le laissa crier, parce que l'on croyait que c'était une nouvelle malice. Après qu'il eut été long-temps étendu à terre, un garçon jardinier ayant passé, par hasard, de ce côté, vit que cette fois il paraissait réellement blessé. On envoya chercher le chirurgien ; mais comme il n'avait pas été secouru à temps, sa jambe s'était extrêmement enflée ; et après une cure longue et douloureuse, elle se trouva si mal remise, qu'il resta boiteux toute sa vie. La punition fut un peu dure, mais enfin le petit Ariste apprit, à ses dépens, à quoi s'exposent les menteurs.

Mais ce qui fait le plus de peine aux parens, et ce qui rend un enfant indigne du pardon, c'est lorsqu'il soutient son mensonge, quand il en a sur lui des preuves visibles.

Louis, dit une mère à son fils, va-t-en au jardin ; tu cueilleras quelques mûres pour ta sœur qui a mal à la gorge. Songe à n'en pas manger. — Oui, maman. — Tu sais que nous n'en avons guère cette année. — Oh ! oui , guère. — Il faut conserver le peu qu'il y a pour les malades. — Oui, maman, c'est juste. Louis

part, mais il ne tient pas sa promesse. Au re-
tour, sa mère lui demande s'il n'en a pas man-
gé. — Oh ! mon Dieu, non, maman, répond le
petit menteur. — Mais ses lèvres le trahirent.
Il pleura ; il demanda pardon ; il promit de ne
plus mentir. Sa mère le mit cependant en pénitence. Louis se corrigea. Il fit connaissance
avec le petit Ariste. Ils devinrent amis ; ils se
confièrent leurs fautes et leur sincère repentir,
et depuis on les donna souvent pour modèles
aux autres enfans de son âge. On ne saurait
apprendre trop tôt, et répéter trop souvent aux
enfans, que le mensonge entraîne, pour le sou-
tenir , à des fautes qui s'agravent à mesure
qu'elles se multiplient.

L'Enfant insensible devenu charitable.

On avait beau dire au petit Constant, que
nous devons traiter nos semblables comme nous
voudrions qu'on nous traitât nous-mêmes ; ce
sublime précepte ne faisait aucune impression
sur son âme. Les cris lamentables du pauvre
ne lui inspiraient nulle pitié ; il n'y faisait
même pas la moindre attention. Constant n'é-
tait cependant pas méchant ; il n'était qu'insensible. Il ne fallait qu'une occasion pour

changer son cœur ; elle se présenta heureusement, et pour lui et pour sa mère, qui se cha-
grinait déjà de la froide indifférence de son fils,
à la vue de l'homme souffrant et malheureux.

Cette mère sensible mena Constant avec elle
dans une maison pour y passer la soirée. Il fallait passer un pont à l'entrée duquel était un
pauvre qui leur demanda l'aumône. La maman
dit à son fils de lui donner un sou. L'enfant fit
la sourde oreille, et comme elle lui répétait cet
ordre il courut loin d'elle pour n'en rien faire ;
mais en courant, il tomba et se meurtrit le
front. Voyez, monsieur, lui dit sa mère en le
relevant, comme Dieu vous a puni ! Vous por-
terez long-temps les marques de votre dureté
pour les pauvres. Crois-tu, maman, répondit
l'enfant en essuyant ses larmes, que c'est une
punition de Dieu ? N'en doutez pas, monsieur,
reprit la mère avec vivacité. A peine eut-elle
prononcé ces derniers mots, que le petit Constant alla trouver le pauvre et lui donna deux
sous au lieu d'un.

La mère arrive dans la maison de ses amis,
raconte l'aventure du pont. Une dame loua
beaucoup l'enfant, et dit : Je veux raconter à
monsieur Constant l'histoire d'une petite fille

qui fut bien récompensée pour avoir soulagé un pauvre homme.

La petite Julie, dit cette dame, était fort gentille, mais ce qui vaut bien mieux, elle était vivement touchée des peines des malheureux, et n'avait jamais de plus grande joie que lorsqu'il était en son pouvoir de les soulager.

Elle disait un jour à sa mère : Ma chère maman, je suis bien fâchée quand je vois des gens qui souffrent de besoin. Comme je serais heureuse si j'étais riche ! Je leur donnerais tout ce qui leur manque. On doit avoir bien du plaisir de faire sourire ceux qui voudraient pleurer !

Sa mère la pressa tendrement sur son sein, et lui dit : O ma chère Julie ! que je suis contente de te voir de si bons sentiments !

Son père qui l'avait entendue, accourut à elle, et lui dit en l'embrassant, qu'il l'aimait encore plus, en la voyant si bonne, et que tout le monde aussi l'en aimerait davantage. En même temps il tira sa bourse, et lui donna toutes les pièces d'argent et de cuivre qu'il avait, afin qu'elle pût satisfaire son goût pour la bienfaisance.

Quelques heures après, Julie, accompagnée de sa bonne, alla voir une de ses petites amies; elles aperçurent un vieux homme assis sur un

banc de pierre, et presque mourant de faim.
La bonne crut le reconnaître : en effet, il était
de son village, et il avait été le maître de son père.
Elle veut lui donner quelque chose ; mais elle
avait oublié sa bourse. Julie prend dans son
sac tout ce que lui avait donné son père, et le
met dans la main de sa bonne, en lui disant :
Tiens, donne-lui cela toi-même. Elle demanda
ensuite au vieillard pourquoi il était dans cet
état. Hélas ! ma petite demoiselle, lui répondit-
il, je suis un pauvre malheureux laboureur,
que la grêle vient de ruiner. J'étais, il y a trois
jours, à la veille de faire une bonne moisson, et
aujourd'hui mon petit champ n'a plus un seul
épi pour me donner du pain.

Comme il disait ces mots, ils furent enve-
loppés d'une troupe nombreuse de gens qui
fuyaient devant un bœuf échappé. La pauvre
Julie fut renversée par la foule, et le bœuf était
déjà près de passer sur elle ; mais le vieillard,
à qui la reconnaissance rend sa force, se jeta
au-devant de l'animal furieux, et l'écarta avec
son bâton. Ainsi l'aimable Julie eut le double
plaisir d'avoir fait une bonne action, et d'en
recevoir sur-le-champ la récompense.

Constant, qui avait écouté cette histoire avec
la plus grande attention, courut se jeter dans

Petit indiscret puni et Changé

Enfans ennemis devenus amis.

La bonne Mere.

les bras de sa maman, et lui dit qu'il n'oublie-
rait jamais la belle action de la petite Julie, et
la reconnaissance du bon laboureur.

Le petit indiscret puni et changé.

Le petit Isidore avait contracté la mauvaise
habitude de ne rien faire.

Lorsqu'il avait appris quelque chose qu'on
voulait tenir secret, il avait une singulière démangeaison d'en parler à tous ses amis et à toutes ses connaissances.

Il racontait même au premier venu le mal
qu'il avait entendu dire des autres, sans réfléchir qu'il pouvait ainsi leur faire tort, et leur
causer beaucoup de chagrin.

Isidore devint en peu de temps le fléau de
tous ceux avec qui il avait quelques rapports.
Car partout où il allait, il semait, par son ba-
vardage, la discorde, le mécontentement, et
toutes sortes de troubles.

Aussi (ce qui n'est pas surprenant) commen-
ça-t-on à le fuir, à le détester. En peu de temps
il n'eut plus d'amis, et même il ne trouva plus
de camarade qui voulût jouer avec lui.

Isidore s'en étant plaint à ses parens, il apprit d'eux que les mortifications qu'il éprouvait,

2*

étaient la suite des continuelles indiscrétions qu'ils lui avaient si souvent et si inutilement reprochées.

Cette réponse lui ayant fait ouvrir les yeux sur cet insupportable défaut, il sentit la néces sité de s'en corriger ; mais il lui fallut beaucoup de temps, parce qu'il avait négligé les bons avis de ses parens.

Enfin, Isidore parvint à perdre ses mauvaises habitudes. Ses camarades se raccommodèrent avec lui, et n'eurent plus à s'en plaindre. Ceux qui avaient quelque confidence à faire, s'adressaient même à lui, de préférence, tant il était devenu discret et réservé.

Une bonne habitude en fait souvent contracter une autre.

La discrétion, la réserve qui avaient remplacé les défauts contraires, rendirent peu à peu Isidore prudent, attentif, franc, délicat. Il ne pouvait souffrir que l'on dît du mal des autres. Il prenait toujours la défense des absens. Il avait horreur des juremens, et n'aimait pas que l'on fît des sermens à tout propos, et que l'on élevât trop la voix dans la conversation ; que l'on fît de grands éclats de rire, comme on en entend dans les rues, et qu'en parlant on fît des gestes extravagans et ridicules, comme on en voit faire à la populace. Isidore s'accoutuma ainsi au ton de la bonne compagnie.

Petits enfants, prenez Isidore pour modèle, et bientôt vous perdrez cette démangeaison de parler, qui fait souvent du mal à vous et aux autres. Quand vous lui ressemblerez, tout le monde vous recherchera et vous aimera.

Deux Enfans ennemis devenus amis par le danger commun.

Chez les peuples, les haines deviennent souvent héréditaires, parce que, ne réfléchissant pas, ils ne suivent que l'impulsion de leur caractère grossier et indomptable.

Dans un bourg, il y avait deux familles qui s'en voulaient depuis nombre d'années, pour quelques affaires d'intérêt. Chacune avait un enfant qui partageait le ressentiment de ses parens, et ils ne pouvaient se rencontrer sans s'injurier et se provoquer. L'un s'appelait Gervais, et l'autre Antoine.

Un matin que Gervais était à cueillir des noisettes dans un bois, il aperçut Antoine, sur un arbre, prenant un nid; et il se préparait à se battre avec lui, quand il serait descendu; mais en ce moment, Antoine voit un loup qui venait droit à Gervais. Antoine, ennemi de Gervais, est en toute sûreté sur l'arbre, il n'écoute que l'humanité qui lui montre le danger de Gervais. Il se laisse glisser jusqu'à terre, ramasse des cailloux, et en frappe le loup de toute sa force. L'animal furieux quitte Gervais et s'élance sur Antoine. Gervais saisit son bâton, l'enfonce dans la gueule du loup, qui se débat; tout-à-coup Antoine aperçoit une coignée, qu'un bûcheron avait laissée au pied de l'arbre ; il la prend, et parvient à assommer le loup.

Antoine et Gervais s'embrassent, et tous deux traînent leur proie au village. On s'assemble de toutes parts pour apprendre leur aventure, et tout le monde applaudit au dévouement d'Antoine, et admire le courage de Gervais. Dès ce moment, une tendre amitié unit Antoine et Gervais.

Leurs parens ayant vu , dans cet événement , la main bienfaisante du Tout-Puissant, qui leur avait ainsi conservé leurs enfans, se réconcilièrent, et vécurent toujours dans un parfait accord.

Les Enfans oisifs devenus laborieux.

Quand on n'a pas contracté de bonne heure l'habitude du travail, on a bien de la peine à se déterminer à faire quelque chose, lors même que la nécessité l'exige, à moins qu'on n'ait reçu de la nature une propension au bien qui tôt ou tard l'emporte sur le penchant à l'oisiveté.

Le petit Robert fréquentait une école où il y avait des maîtres qui enseignaient beaucoup de bonnes choses aux enfans. Ils leur disaient ce qu'il fallait faire pour conserver sa santé, et pour mener une vie heureuse; ils leur apprenaient le latin; ils leur racontaient ce qu'il y a de remarquable dans les pays étrangers, ce qui est arrivé de mémorable dans les temps passés; enfin, ils leur apprenaient à connaître toutes sortes d'animaux, de plantes et de minéraux. Cela faisait grand plaisir à la plupart des enfans, qui regardaient leurs études comme des récréations, et ils devenaient de jour en jour plus instruits et meilleurs. Il n'en était pas de même de Robert. Celui-ci ne faisait jamais attention à ce que le maître disait, et pensait à toute autre chose. Il portait à l'école ses jouets, et s'en occupait pendant que ses camarades regardaient ce que leur montrait leur maître. Aussi Robert les voyait passer de leur classe dans la classe supérieure, et lui restait toujours dans la même. Il n'obtenait jamais ni récompense, ni éloge. Il était, au contraire, souvent réprimandé, et quelquefois châtié.

Un événement malheureux lui ouvrit les yeux sur les malheureuses suites de l'oisiveté.

Robert ayant perdu son père, sa mère lui dit : Voyez, mon fils, ce que vous voulez faire ; votre père ne vous a point laissé de bien, ce n'est qu'en acquérant des talens, que vous pourrez, vous mettre à l'abri de la misère ; si vous ne voulez point changer de conduite, je serai forcée de vous faire quitter vos études, et de vous faire apprendre un métier.

Robert pleura beaucoup ; mais la nécessité le fit réfléchir. Il pensa alors que ceux qui avaient mieux travaillé que lui, étaient plus avancés, et le besoin lui donna de l'émulation. Il s'appliqua beaucoup à ses devoirs ; et bientôt il fut un des élèves les plus instruits de cette maison. Ce qui augmenta encore son amour pour le travail, ce fut l'espoir de gagner bientôt de quoi aider sa mère, qui était restée sans fortune. Dieu bénit Robert, qui parvint à faire vivre sa mère dans une honnête aisance, et ne l'abandonna jamais.

Une dame, restée veuve avec deux filles, se trouva bientôt dans un état voisin de la misère, et cette situation leur parut d'autant plus pénible, qu'elle avait été riche. Le chagrin qu'elle éprouva la fit tomber malade et la priva des faibles ressources que lui procurait le travail de ses mains. Heureusement, ses filles avaient reçu une éducation utile; elles renoncèrent à la vie oisive et délicate qu'elles avaient menée, et cherchèrent à secourir leur mère. Henriette, l'aînée, travaillait jour et nuit sans relâche; et Georgette, sa sœur, prodiguait à leur mère les soins que sa maladie exigeait, et trouvait encore quelques momens à donner au travail, pour aider Henriette. Cette conduite, inspirée par la vive tendresse des deux sœurs pour leur mère, ne tarda point à être remarquée; un homme honnête et riche, qui demeurait dans le voisinage, apprit la détresse de cette intéressante famille, et le dévouement des deux estimables filles de cette mère infortunée. Il voulut êtrc lui-même témoin de leur situation, et tout ce qu'il vit excita son admiration. Les qualités peu communes d'Henriette, ayant fait une vive impression sur son cœur, il lui offrit sa main, et assura, par cet hymen, le sort d'une famille qui trouva la récompense de ses vertus.

Le petit orgueilleux devenu modeste.

Le petit Nicéphore était pétri d'orgueil, ce qui ternissait les bonnes qualités qu'il pouvait avoir. Il affectait de vanter ses beaux habits à ses camarades, dont les parens n'étaient pas aussi riches que les siens. Il voulait toujours paraître le plus instruit, et empêchait les autres de montrer leur véritable savoir et leur esprit. Quand ils lisaient leur thème, il critiquait ce qu'il y avait de bon, comme ce qu'il y avait de défectueux.

Ses camarades, pour l'humilier, résolurent de lui jouer un tour. Ce fut le petit Artaud qui s'en chargea. Comme il était presque toujours le premier de sa classe, Nicéphore ne manquait pas, aux jours de composition, d'avoir recours à lui, à la faveur de quelques friandises. Artaud, qui avait coutume de lui dicter un bon devoir, y plaça, ce jour-là, un grand nombre de solécismes : de sorte que Nicéphore fut le dernier de la classe. Le maître, après lui avoir donné un nombre de coups de férule, lui demanda s'il avait sujet à présent d'être orgueilleux. Nicéphore, humilié, honteux, et cachant

son visage, demanda pardon au maître. En
pensant à l'espiéglerie qu'on lui avait faite, il
sentit qu'il ne faut pas se mettre dans la dé-
pendance des autres, pour ce que l'on peut
faire soi-même, et fit des excuses à ses camarades, en promettant bien de se corriger. Le
maître profita de cette occasion pour faire une
petite morale à ses élèves.

« Mes enfans, leur dit-il, la vanité et l'or-
» gueil, quand on leur laisse prendre racine
» dans le cœur, étouffent toutes les bonnes qua-
» lités; il faut donc se garantir, avec le plus
» grand soin, de ces deux grands défauts. Voici
» ce que je vous conseille à cet égard.

» Ne parlez jamais de vous. Ce n'est pas
» sur ce que vous en direz que l'on vous ju-
» gera. C'est par vos actions, par vos senti-
» mens que l'on connaîtra votre caractère; sou-
» venez-vous que personne ne s'en formera une
» idée sur votre parole, et que tout ce que vous
» pourriez dire de vous ne couvrira pas vos dé-
» fauts, ni ne fera briller vos qualités. Si vous
» gardez le silence sur votre personne, l'envie,
» la critique et la malignité n'auront aucun
» pouvoir pour supprimer ou pour affaiblir les
» justes éloges que vous pourriez mériter.

» Ne prenez jamais un air important et mys-

» térieux. Que votre extérieur annonce la fran-
» chise, la bonne foi, la candeur, et que l'inté-
» rieur y réponde. Il faut que l'extérieur inspire
» la confiance, et que l'intérieur prouve qu'on
» la mérite. »

Ainsi parla le maître, qui fit ensuite quelques reproches au petit Artaud, sur son espiéglerie; après quoi il n'eut pas de peine à réconcilier Nicéphore avec Artaud et avec tous ses camarades.

L'Enfant d'un naturel dur devenu compatissant.

Une dame qui était retirée dans son château, avait un domestique malade; elle dit un jour à son fils : Viens, mon ami, viens avec moi, porter du bouillon à notre pauvre Jacques. Moi, maman, répondit l'enfant, je servirais un domestique ! Que dites-vous, monsieur ? reprit le curé du village, qui était présent; un domestique est un homme, et par conséquent a droit à la compassion de ses semblables. Vous refusez de monter quelques marches pour soulager un malade, tandis qu'un grand prélat fit bien plus pour l'humanité souffrante! — Quel est donc ce prélat, et que fit-il ? dit le jeune

Enfant d'un naturel dur devenu compatissant

Enfant vindicatif devenu moins Violent

Le Jugement des Enfans rectifié

enfant. — C'est monsieur de Beaumont, archevêque de Paris, et voici ce qu'il fit.

N'étant encore que chanoine, comte de Lyon, il avait pris la poste pour venir à Paris, au milieu de l'hiver. Arrivé à une auberge, il voit un courrier de la poste aux lettres, pleurant et dans la désolation; il lui demanda le sujet de ses peines. Ah! monsieur, s'écrie le malheureux, j'ai une fièvre brûlante, et les cahots de ma voiture me brisent le corps; je ne puis ni continuer ma route, sans m'exposer à mourir en chemin, ni m'arrêter, sans courir le risque de perdre ma place, qui est mon unique ressource, pour faire vivre ma femme et mes enfans. Rassurez-vous, lui répondit le jeune abbé, je vais prendre votre voiture, vous vous mettrez dans la mienne, et nous ferons ainsi le reste de la route. Le postillon, pénétré de reconnaissance, tombe aux pieds de monsieur de Beaumont, qui s'empresse de le relever, et l'aide lui-même à monter dans sa voiture. Il monta ensuite dans celle du courrier; ils arrivèrent à Paris, et le postillon conserva sa place.

Comme il était bon! dit le jeune enfant, ce monsieur de Beaumont!..... Je vais vite chercher un bouillon, pour le porter au pauvre Jacques; et aussitôt il voulut monter seul à la chambre du malade. Quand il fut revenu, sa maman et monsieur le curé l'embrassèrent bien tendrement.

Le petit vindicatif devenu moins violent.

Parmi les petits écoliers, il y en a toujours qui sont très vindicatifs. Leur fait-on la moindre espiéglerie, la plus légère insulte, leur premier mouvement est de s'en venger à coups de pieds et à coups de poings. Tel était le jeune Prosper. Son maître le surprit un jour, tenant un de ses camarades par les cheveux, et le secouant rudement. Que faites-vous là, monsieur? lui dit-il; pourquoi traiter ainsi votre camarade? — Il m'a manqué, monsieur, répondit Prosper. — Il vous a manqué? — Oui, il a écrit sur mon pupitre, que j'étais un paresseux. — Prenez-y garde, monsieur, on dit qu'il n'y a que la vérité qui offense. Au surplus, sachez que la vengeance est la passion des âmes basses. Les âmes bien nées oublient les injures, et s'honorent en les pardonnant. Vous en jugerez par l'anecdote que je vais vous raconter.

Dans un temps de fermentation, il parut contre monsieur de Beaumont, un ouvrage rempli d'injures grossières. L'auteur fut recherché par la police, et mis en prison, à l'insu de monsieur l'archevêque de Paris. Un matin, ce prélat voit à son audience une pauvre femme, qui se jeta à ses pieds, et qui lui demanda la liberté de son mari. S'étant fait informer de la cause de sa détention, il écrivit à monsieur d'Argenson, alors lieutenant-général de police, pour le prier de rendre la liberté à ce particulier. Refus de la part du ministre. Instances réitérées de la part du prélat; enfin l'homme sort de prison; il se rend à l'archevêché, pour remercier son libérateur. Mon ami, lui dit monsieur l'archevêque, vous ai-je fait quelque tort, et avez-vous jamais eu quelque sujet de m'en vouloir? — Non, monseigneur, je n'avais pas l'honneur de vous connaître, et voilà la première fois que j'ai celui de vous voir. — Pourquoi donc avez-vous fait un libelle contre moi? — Ah! monseigneur, c'était pour vivre; sans cela je mourais de faim. — Mais que ne veniez-vous m'exposer vos besoins? A ces mots, ce prélat lui fit donner dix louis, l'engagea à choisir un autre genre pour exercer sa plume, et lui donna plus d'une fois, depuis, de nouvelles preuves de sa générosité.

Pendant que le maître parlait, le petit Prosper ouvrait de grands yeux, et lorsqu'il eut fini, il convint que ce qu'on avait écrit sur son pupitre, n'était que trop vrai; qu'il profiterait de cette leçon qu'on lui avait donnée; et que d'ailleurs, ce qui l'avait si fort offensé, n'était rien en comparaison des injures que l'on avait imprimées contre monsieur de Beaumont; et il promit qu'une autre fois il serait moins prompt dans ses vengeances, et il tint parole.

Le jugement des enfans rectifié.

Ce même maître pensait que les opinions sur les hommes et sur les choses dépendaient sou-

vent des premières idées de l'enfance. Aussi
s'appliquait-il à les rectifier quand il s'aperce-
vait qu'elles prenaient une fausse direction.

Un jour il se promenait dans sa classe, tenant dans ses mains deux belles oranges, qu'il
faisait sauter attentivement. Les élèves aperçurent bien qu'il avait projet en tête qui les
regardait. Il se fit un grand silence. Mes amis,
leur dit-il, voici deux belles oranges, elles seront
pour ceux d'entre vous qui me citeront les anecdotes et les traits d'histoire qui leur auront paru
les plus intéressans. Tous demandèrent à parler.
Quand les tours furent marqués, on commença.
L'un cita les exploits d'Alexandre, l'autre ceux
de César; celui-ci loua l'habileté d'Annibal;
celui-là le courage de Pompée. Enfin, presque
tous ne parlèrent que de ce qu'ils avaient lu
dans les anciens auteurs, parce qu'ils croyaient
qu'il n'y avait rien de plus beau que ce qu'on
avait écrit sur les grands capitaines.

Il en restait deux qui n'avaient rien dit;
comme ils passaient pour avoir la conception
un peu difficile, leurs camarades crurent que
la lutte était terminée. Non, non, dit le maître;
Claude et *Gilles* parleront comme ils pourront,
mais il faut qu'ils prennent part au combat.

Claude parle le premier. Notre cher maître,
dit-il, vous nous avez rapporté un trait de monsieur de Beaumont; j'en sais un qui n'est pas
moins intéressant.

Ce prélat était sorti de son château de Con-
flans, pour se promener dans la campagne. Un
officier l'aborde et lui expose ses besoins. Je

n'ai point d'argent sur moi, lui dit l'archevêque attendri. Je vous dirais bien de me
suivre au château, mais je serais obligé de de-
mander de l'argent à quelqu'un de mes gens;
vous pourriez craindre qu'on ne s'aperçût que
c'est pour vous, et votre délicatesse en serait
alarmée: voici ma montre, daignez l'accepter.
Quelque temps après, monsieur l'archevêque
alla faire sa cour aux dames de France, et il fut
bien surpris, lorsqu'il entendit madame Adé-
laïde lui dire : Monsieur l'archevêque, je sais
que vous n'avez plus de montre; en voici une
que je vous donne, mais à condition que vous
la garderez. Le prélat la reçut avec respect, la
conserva avec soin, mais ne la porta jamais
sur lui.

Le maître, après avoir entendu le jeune
Claude, lui demanda ce qu'il trouvait de beau
dans ce trait. — La manière dont monsieur de
Beaumont ménage la délicatesse de l'officier,
dit l'enfant, et le soin qu'il a de ne point porter
sur lui un bijou qui lui retracerait sans cesse
sa générosité, et qui en rappellerait le souvenir
à ceux qui le verraient s'en servir. Fort bien,
s'écrie le maître; voici une orange, vous la
méritez.

Enfin Gilles parla le dernier. J'ai lu, dit-il,
une anecdote qui a rapport à notre bon malheureux roi Louis XVI. Dans son voyage à
Cherbourg, il ressentit un appétit dévorant, à
trois lieues de Caen. Il fit faire halte au premier
village, et descendit dans une cabane. Les
bonnes gens de cette maison auraient voulu se

* 9 7 8 2 0 1 9 4 9 0 8 4 3 *